武術特輯

57

陳式太極拳養生功

陳正雷／著

大展出版社有限公司

弘揚祖國傳統養生術

（序）

徐　才　於北京

在提筆為陳正雷先生所著〈陳式太極拳養生功〉作序時，我想起了十年前在陳家溝的一次偶遇。那時還是寒意未消的陽春三月，我在陳家溝練功房前邊的一間小屋裡碰上一位美國青年，搭起話來，知道他是在黃河大學教授英語的老師，因酷愛太極拳在這裡已經住了快兩個月了。

我當即問他，這裡居住和飲食條件你都能適應嗎？這位金髮碧眼的年輕人說，為了學好太極拳，能夠克服艱苦的生活條件。聽後我很感動，我想，一個外國人為了追求中國的武術文化，竟能忍受艱苦生活，孜孜不倦地習練太極拳功夫，真是難能可貴。可惜我們的對話時間甚短，我帶著一縷深沉的思索同他握別了。

十年來，陳式太極拳發源地的陳家溝，每年都迎來眾多的外國朋友習練太極拳，溫縣國際太極拳年會也已辦了數屆，陳式太極拳正在世界風靡。

我以為，作為太極拳發源地的陳家溝、溫縣、中國，需要不斷地拿出武術文化的結晶獻給世界。陳正雷先生把祖傳的太極內功（氣功）養生法公諸於世，這是挖掘整理太極拳文化的一個新成果，值得祝賀。

我一直認為太極拳是今日人類增進健康的一塊瑰寶，又是明日人類保健的一顆新星。國外有的學者說，未來的世紀是保健的世紀，這是頗有道理的。從社會發展的趨勢看，人的壽命越來越長。我們這個擁有十二億人口的國家，到下世紀初也將進入老齡化社會。古話說，人生七十古來稀，現在則是人生七十今來多了。日本是世界上最長壽的國家，女性平均壽命已達八十歲，男性已達七十五歲。我國許多地方人均壽命也已超過七十歲。的確，人類的壽命隨著社會的進步在不斷增長。世界上許多科學家，從不同的角度研究人類的壽限。有的科學家從動物生長期角度研究人的壽命，認為人的壽限應是一二五——一七五歲。有的科學家從細胞分裂次數推算人的壽命，認為人的壽限應在一二〇歲以上。

儘管這只是一些科學推算，但現實生活昭告我們，人類的壽齡確是在不斷增長。隨著這種趨勢的發展，人類的保健養生就成為一個世界性的重要課題。老年人需要保健，中年人、青年人以及少年、兒童都需要保健。在保健的世紀，太極拳是人們自我保健的良好手段。

美國著名的未來學家約翰・奈斯比特十四年前在一度轟動全球的《大趨勢》一書中，描繪「新的保健圖景」時提出，人們將從依賴醫療機構幫助轉變到自助，「實行自力更生的自我保健」。當時他沒有提到太極拳這個自我保健的瑰寶。但在他去年十月完成的新著《亞洲大趨勢》中說到「東西方的和諧」時指出，「西方人正在從東方『進口』思維方式和傳統觀念」，「瑜伽和中醫占去了五十歲左右家庭婦女的多半精力」，「公園裡八十歲的東方人和三十歲的西方人一起打著太極拳」。他還進一步說到西方人從東方「進口」的範圍遠不止這些，「真正的東方迷們已經進入東方智慧的第二層次」。

他在條件中提到「研究道家的打坐，更別提那已有四千年歷史的內功修煉方法——氣功了」。是啊，太極拳、氣功、打坐等中國傳統的自我保健養生術，作為東方智慧越來越被西方人認識和享用了。

中國傳統養生術的起源，至遲可以追溯到原始社會末期。到了先秦時期，老子、莊子主張清靜養神，韓非子等主張動以養形，以吐納、導引保健養生。那個時期提出的順應自然，主動調攝，以求康壽的觀點初步形成了中國傳統養生學的體系。在傳統養生思想中，把精、氣、神視為人身的三寶。習武養生者把「內練精氣神，外練手眼身」當作座右銘，強調內外兼修，壯內強外。這正是中國傳統的整體健身觀和養生觀。

太極拳既是祛病保健的養生功夫，又是強身防身的技擊功夫。如今在保健的世紀向我們走來的時刻，人們越來越重視太極拳的祛病保健養生的作用了。陳正雷先生整理的陳式太極拳養生功，攝取了陳式太極拳在健身養生及醫療保健方面的精華，把意、氣、形和呼吸有機地結合在一起，使人與自然相互感應，達到天人合一。相信這套功法是給中外人士保健養生帶來福音的。我衷心祝願我國的武術家、氣功家、養生家在練功、授功之餘，深入挖掘整理中國的傳統養生術，為人類的保健做更大的貢獻！

前　言

隨著改革開放的逐步深入，社會經濟的長足發展，人民的生活水平正在不斷提高，日常工作和生活正在逐步向電器化、電腦化、自動化發展，它大大減輕了人們的體力勞動，然而文明病也隨之而來，由於身體活動少，人們的體質機能逐漸下降。因此，近些年來掀起了學武健身及氣功熱的高潮。

數百年來，一直在人們心目中占有極重要地位的「太極拳」，以其健身養生與技擊防身的良好作用，深受人們喜愛，且已流傳於海內外。其活絡筋骨、疏通經絡、調解神經、祛病延年之功效，已得世人所公認。

筆者自幼習練太極拳，深知太極拳精髓之內家氣功，對健康人體之功效顯著。為此，雖本功法鮮少外傳，但為提高人們健康素質，促進全民健身運動，服務於社會大眾，特將祖傳的太極內功（氣功）養生法公諸於世，希望能為人類的健康有所貢獻。

太極始於無極，再分兩儀而化三才，由三才顯四象，演變八卦於無窮，氣功者乃近幾年之新名詞，原在武學中與內功同義，在太極武術流傳中，太極內功（氣功）一直為歷代太極先師所重視，亦為太極拳術中重心所在，故人常稱太極拳為內功拳，旨在要求練拳者懂得採氣培元，守丹起功，由體內精氣化神還虛，以求能返樸歸真，由太極而歸於無極。所謂天地人合一，陰陽合融，天地人與大自然混為一體，即是太極內功（氣功）修煉之終極目標。

古人云：「培其根則枝葉自茂，潤其源則流脈自長。」太極內功則為「培根潤源」之良方，願能與熱愛太極之人士共同參研分享。

本書所介紹的陳式太極拳養生功、太極培元養氣法（靜坐養氣法、樁功聚氣法）以及陳式太極拳精要十八式，方法清晰，言簡意賅，簡便易學，尤對神經衰弱、高血壓、心臟病、消化不良、關節炎等慢性病效果甚佳，能起到事半功倍之良效。

作　者　**陳正雷**

陳式太極拳簡介

太極拳是明末戰將，河南溫縣陳家溝陳氏第九代陳王庭，在家傳拳術的基礎上，依據「易經」陰陽之理，中醫經絡學說及導引、吐納術，綜合性地創造了一套具有陰陽性質、剛柔相濟、快慢相間、鬆活彈抖的特色，以及符合人體生理規律和大自然的運轉規律的拳術運動，故名「太極拳」。起初，太極拳只在陳氏家族內部流傳，鮮為人知。到陳氏十四代陳長興時，傳給河北永年人楊露禪，以後在社會上慢慢流傳開來。

太極拳在長期流傳發展中，逐步演化成具有代表性、風格特點又各不相同的楊、吳、武、孫四大流派。

數百年來，陳式太極拳仍保留著古太極拳那種剛柔相濟、快慢相間、竄蹦跳躍、鬆活彈抖的特色以及纏繞螺旋的運氣方法，並以其卓越的健康養生與技擊價值著稱於武壇，深受人們的喜愛。

現在，陳式太極拳已跨出國門，風靡世界，成為中國人民與世界人民友好交往的重要橋樑。古老的陳式太極拳正以其嶄新的風貌、獨有的方式向世界各族人民傳播中華民族傳統文化的優秀成果，並在繁榮經濟方面發揮著積極作用。陳式太極拳必將為全人類的健康提供更大貢獻，成為全人類的共同瑰寶。

目　錄

第二章　基本功訓練

第四章　陳式太極拳精要十八式

第一章　陳式太極拳養生功功理

陳式太極拳養生功（以下簡稱養生功），源於陳式太極拳，是陳式太極拳在健身養生及醫療保健方面的精華。它擇取陳式太極拳獨特的採氣、集氣、煉氣、煉意方法，把意、氣、形和呼吸有機地結合在一起，同時又捨去了陳式太極拳套路中的高難動作，因而具有得氣快、氣感強、祛病強身效果好而又方便易學等優點。本功法無偏差、無副作用，對高血壓、冠心病、骨質增生、神經衰弱、胃腸官能症等慢性病都有較好療效，且不受場地、時間等條件限制，男女老少皆宜。

第一節　功法特點

養生功動靜結合，內外兼修，形神合一。練功時，在鬆靜自然的前提下，貫穿一動無有不動的原則，使意識、動作、呼吸三者密切配合，人與大自然融為一體，採集天地間清靈之氣營養身體，同時排出體內病、濁之氣，以增進健康，益智延年。通過持久練功，元氣會漸漸聚集於丹田，進而充實、飽滿、壯大，自然養就至大至剛的浩然正氣，以涵養道德、陶冶情操、坦蕩胸懷。

這種浩然正氣施於自身，可收強身及醫療保健功效；用之防身禦敵，則產生強大的衝擊力量，足以震傷對方的五臟六腑。本功法反應敏捷，隨機應變，具有出於自然而不拘泥於拳腳的形式招數。

第二節　健身養生作用

一、保健神經系統，提高應激反應能力

正常人的一切活動，都是在神經系統的控制下進行的。身體各肌群之間，肌肉活動與內臟活動之間，各器官、系統及器官與系統之間的密切配合以及身體內外環境的協調統一，都有賴於大腦皮質的調節作用。練功時要求清靜用意、精神內守，可以增強意念控制能力，減少外界干擾

，使本體感覺皮質部位的興奮抑制過程在一定時間內能嚴格地、有節奏地轉移，興奮與抑制更加精確地配合，感受器能更準確地攝取外界信息。由於感官知覺功能的提高，增強了人體的積極性反應，對語言、文字等信息也更加敏銳，利於形成條件反射，第二信號系統更趨完善。這樣，無論學習文化知識，還是掌握動作技術，都會迅速準確。經常練養生功的人，會感到精力充沛，頭腦清晰，思維極有條理，工作熱情和工作效率明顯提高。

意識和動作相結合的練功方法，會增強神經系統的擴散性，使協同中樞之間的活動更加協同一致，即大腦皮質的運動中樞及第二信號系統處於高度興奮狀態，而皮質的其他部位處於保護性抑制狀態，使大腦得到充分的休息，人體很快就消除了疲勞。對慢性病患者來說，由於大腦的充分休息，打破了慢性病的病理興奮灶，消除了病灶的反饋影響，提高了健康水平，最終達到根治慢性病的目的。

我們知道，人的情感活動與健康關係密切。樂觀向上的心境有益於健康，而過度的喜、怒、憂、思、悲、恐、驚等七情活動都會給健康帶來危害，「七情」是使人致病的內因。如過喜傷心、怒傷肝、憂思傷脾、悲傷肺、恐傷腎、驚傷膽等。在七情過度時，外界的風、寒、暑、濕、燥、火等六淫就會乘虛而入，內外交感，造成疾病。所以《內經》特別強調恬淡虛無，精神內守，而養生功正是貫穿這些要求的。緊張、繁忙、快節奏的現代都市生活，給人們帶來精神緊張、情緒煩躁、思維紊亂等負效應，甚至影響身體健康，降低工作效率。養生功要求靜無為，通過自我意念控制，使身體和精神獲得最大限度的放鬆，以緩解精神緊張和壓力，使情感活動趨於平和穩定，減少致病的內在因素，從而提高健康水平。

二、改善骨骼、關節和肌肉的結構，提高運動能力

養生功以纏繞螺旋的運動方式，產生合理的生理負荷，使骨骼、關節、肌肉得到系統全面的鍛鍊，如使骨密質增厚、骨徑變粗、骨面肌附著處突起明顯、骨小梁的排列更加整齊規律等。這些變化會增強骨的新陳代謝，在形態結構上產生良好效果。隨著形態結構的變化，骨變得更加堅固，從而提高了抗折、抗壓、抗扭轉等性能。

養生功這種放鬆性纏繞螺旋運動，可使關節面骨密質增厚，肌腱和韌帶增粗，在骨附著處直徑增大，膠原含量增加，關節軟骨增厚，單位體積內細胞核數目增多，再加上肌肉力量的增強，就加大了關節的穩固性，以及關節囊周圍肌腱、韌帶的延展性，從而使關節活動幅度增大。因而，經常練養生功的人不僅柔韌性好，還能為進一步學習擒拿與反擒拿奠定良好基礎。

螺旋式的纏繞運動，通過反覆擰轉絞動，配合有意識的放鬆放長，可使全身各部都參加活動，使肌纖維拉長到一般運動難以達到的長度。鍛鍊日久，肌纖維中線粒體數目增多，體積增大，肌肉中脂肪減少，結締組織增多，參與活動的肌纖維和毛細血管數量增加。因而，經常練養生功的人皮膚會逐漸變得細膩光澤，肌肉彈性好，健美有力。過瘦、過胖的人練習養生功後，體型都會有明顯改善。

大腦放鬆入靜與身體放鬆運動相結合，改善了神經控制過程，同時也減少了運動過程中的能量損耗，使ATP儲存於肌肉中。由於肌肉中ATP含量的增加，加快了在神經衝動作用下ATP的分解和再合成速度，因而加強了人體的快速反應、快速運動能力，能較快地掌握動作要領，提高運動技術水平。

三、鍛鍊消化系統，增強呼吸機能

消化系統由消化道和消化腺組成，它的基本功能是攝取食物、消化食物、吸收營養物質和排泄殘渣。人體健康與否，與消化系統各器官的功能關係密切。養生功動作柔和緩慢，隨著動作導引，內氣貫通五臟六腑。深長的腹式呼吸，也使膈肌大幅度地上下移動和腹肌大量活動，形成了對腸胃器官的良性按摩。此時，消化腺分泌的消化液增多，縮短了消化時間，使營養物質的吸收更加順暢，所以練習養生功能夠增強食慾，提高消化能力，有助於消化不良、胃腸官能症及潰瘍等疾病的治療。

養生功要求動作與呼吸密切配合，氣貫四梢，必然使呼吸由快變慢，逐漸深長，使膈肌的收縮和舒張能力提高，胸廓間的牽張力加大，肺泡與毛細血管壁的接觸面積增加，肺活量逐漸增大。持久練習，肺通氣量和最大吸氣量都會明顯增加，呼吸與動作配合更加協調。這樣，在定量工作時，能保持較長時間連續工作而工作能力不致下降。所以，練養生功不僅能防治慢性肺病，還能大大提高工作實效。

四、增強心臟功能，改善脈管系統的工作能力

通過持久的養生功鍛鍊，可使心肌纖維增粗，心壁增厚，心臟收縮力增強，心臟的容量及每搏輸出量增加。此外，還能改善動脈壁的彈性和韌性，使冠狀動脈口徑變粗。這些變化使脈管系統更加完善，使消化器官吸收的營養物質、肺吸進的氧和內分泌器官分泌的激素更加順利地運送到各器官和組織，進行新陳代謝，有利於內環境的穩定。一個久練養生功的人，心臟儲備力量很強，具體表現為

安靜時心率低，一般運動時心率升高少，劇烈運動時心率升高很多但恢復較快。

五、鼓蕩內氣，暢通經絡

經絡是人體氣血運行的通道，與人的生理病理關係密切。經絡暢通則身體健康，經絡不通則生疾病。所以《靈樞・經別》篇：「夫十二經脈者，人之所以生，病之所以成，人之所以治，病之所以起，學之所始，工之所止也。」又云「所以決生死，去百病，調虛實，不可不通。」氣功鍛鍊的方式、途徑雖不盡相同，但根本目的都在於練就充足的內氣，並運用內氣貫通十二經脈、奇經八脈，通大小周天，而達到防病治病、強健身體，益智延年的目的。

內氣是人體內的生命能量流，其強弱決定人體的健康程度，雖然內氣與生俱來，但其盛衰卻離不開後天的培養，只要鍛鍊方法科學、合理，就能使內氣匯聚和增強，進而利用這充沛強大的內氣增強體質，防身禦敵，這裡養生功以它特有的方式，在安逸清靜的意識支配下，通過合理的姿勢導引使人體自身具有的先天之氣在短時間內匯聚、飽滿、充實、壯大、鼓蕩，漸漸貫通十二正經、奇經八脈，充實全身。

在意識的引導下，內氣行於心，則心火不亢，腎水不寒；內氣行於肺，則升降自如，肺氣下納於腎，氣沉丹田，運動而不氣喘；內氣行於肝，則肝火得平，腦清目明；內氣行於脾，則運化得健，後天之本生機旺盛，肌膚健美光澤；內氣行於血脈之間，則營衛無滯，內氣行於肌膚毫毛，則感覺靈敏，梢節充足。正如養生家言：「以我之心，使我之氣，適我之體，攻我之疾，何往而不愈焉？」

第三節　練功要領及具體要求

一、鬆靜安逸，自然順遂

鬆，指形體而言，不但肌肉要放鬆，連同骨骼、內臟、皮膚、毛髮都要鬆，全身各處無絲毫緊張感。靜，指意念而言，思想清靜集中，排除一切雜念，專心練功。練功時一定要放下任何雜務，一心一意，才會取得良好功效。

自然，這裡也指練功時不憋氣，不用僵力，動作與呼吸配合聽任自然，毫不勉強。

二、意氣相隨，形神合一

以意領氣，動作與呼吸密切配合，意到、氣到、勁到。動功中動作與呼吸配合的一般規律是：合吸開呼，引吸放呼；上升吸氣，下降呼氣；蓄勁吸氣，發勁呼氣等等。

總之，要任其自然，不可為了配合動作故意拉長呼吸，導致呼吸不暢，神氣呆滯。

三、立身中正，分清虛實

不論練動功還是練靜功，都要求立身中正，不偏不倚。不可左右搖晃，東倒西歪。具體做法是：頭自然正、頸項鬆、鬆肩、沉肘、含胸、塌腰。身體移動和旋轉時，頭頸部與身軀四肢要上下一致，兩眼平視，百會穴與長強穴相互貫注。在練功過程中，要仔細體會重心的轉移，分清陰陽虛實，認真體會勁路是否暢通，動作是否順遂，不符合要求時立即調整。

練功時要貫穿一動無有不動的練功原則，注意整體配合，做到手、眼、身法、步協調一致，精、氣、神、力、功專注一方，循規蹈矩、一絲不苟。

四、練功時間及運動量

練功時間每次二十分鐘至一小時，逐漸增加。運動量要根據個人身體素質靈活安排，健康者以練完後身體稍感疲勞但精神舒暢為適宜。體弱者可側重練靜功，練動功時架式適當放高，待身體強壯再慢慢降低身法；體質強壯者可側重動功練習，身法下低。

注意：

病患者練功不宜過於疲勞，一感到疲勞，就應立即休息，待體力恢復後再繼續練，以免加重病情。

第二章 基本功訓練

第一節　關節活動操

在人體中，血屬陰，氣屬陽，血為氣之母，氣為血之帥，血隨氣行。通過肩臂、腰胯、膝、肘、腕、踝等關節活動，使肌肉、筋腱鬆弛，關節舒展，血脈暢通，促進氣血運行。關節活動操作為正式練功前的準備活動，可以振奮精神，強化練功效果；若單獨操練，可舒筋活絡，防治關節炎。

準備活動不宜過多，以身體微微出汗而不氣喘為宜。

一、旋轉頭頸

兩腳自然開立，約與肩同寬。雙手叉腰，拇指在後，其餘四指在前。以頸項為軸，頭向左→向後→向右→向前→向左旋轉為一圈，共轉八圈，再反向向旋轉八圈（圖2—1、2—2、2—3）。

圖 2-1

圖 2-2

圖 2-3

圖 2-4

二、活動腕關節

兩腳自然開立，約與肩同寬。兩手十指環扣交叉於胸前。以腕關節為軸旋轉，動作盡量輕柔，幅度要大，次數不限，以舒適為度（圖2—4）。

三、活動肘關節

兩腳自然開立，約與肩同寬。兩手臂自然垂於體側。以身體帶動手臂，先逆纏進而變順纏走外前上弧形合於腹前（圖2—5）。上動不停，雙手變逆纏走裡下弧循腰兩側外開至兩胯側（圖2—6）。反覆練習。

四、活動肩關節

圖2-5

圖2-6

兩腳自然開立，約與肩同寬。雙手成勾手，勾尖置於肩前。以肩關節為軸，兩肘向前↓向上↓向後↓向下旋轉為一圈，共轉八圈（圖2—7、2—8、2—9）

圖 2-7

圖 2-8

圖 2-9

，再反方向旋轉八圈。反覆練習。

五、擴　胸

兩腳自然開立，約與肩同寬。雙手平抬於胸前，掌心向下，指尖相對。兩腳不動，兩肘外張擴胸（圖2—10）。隨兩臂回彈，兩臂成側平舉擴胸，掌心朝上（圖2—11）。反覆練習。

六、振　臂

兩腳自然開立，約與肩同寬。左手上舉於頭部左側，臂伸直，掌心朝前，右臂垂於右側。兩臂同時後振四次（圖2—12），再交換兩手上下位置，後振四次（圖2—13）。

圖-2-10

圖 2-11

圖-2-12

圖 2-13

反覆練習。

七、搶臂拍打

兩腳自然開立，約與肩同寬。鬆肩、鬆臂、鬆胯、屈膝。腳不動，隨著身體左轉，帶動兩臂甩開拍打身體。右臂拍打左前胸、腹、肋、肩，左手背及前臂拍打右背，眼隨身體向左後方看（圖2—14）。再向右轉，動作相同，方向相反（圖2—

圖 2-14

圖 2-15

15）。如此自下而上、自上而下隨意拍打，次數不限，以輕鬆舒適為度。

八、轉　腰

兩腳自然開立，約與肩同寬。雙手輕握拳，平抬與胸平，拳面相對，腳不動，向左轉腰九十度二次（圖2－16），隨即向右轉腰九十度二次（圖2－17）。反覆練習。

圖 2-16

圖 2-17

九、活動髖關節

兩腳自然開立，約與肩同寬。兩手虎口叉腰（圖2—18），拇指在前，其餘四指按於腎俞穴上。腰不動，以髖關節為軸。按左↓後↓右↓前的方向旋轉八圈（圖2—19、2—20），再反方向旋轉八圈。反覆練習。

十、活動膝關節

圖 2-18

圖 2-19

圖 2-20

兩腳自然開立，約與肩同寬。兩手掌按在膝蓋上，以膝關節為軸。同時向裡、向外各旋轉八圈（圖2—21）。兩腳併攏，手勢不變，以膝關節為軸，向左、向右各旋轉八圈（圖2—22）。反覆練習。

十一、活動踝關節

兩腳自然站立。雙手叉腰，拇指在後，其餘四指在

圖 2-21

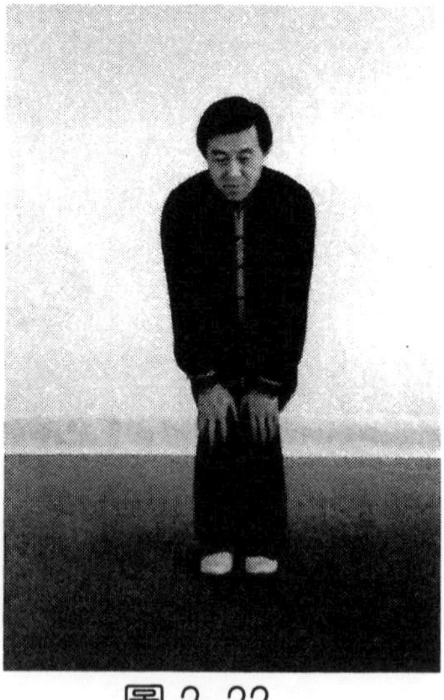

圖 2-22

前，重心在右腿，左腳點地。右腳不動，以左腳尖為支點，以左踝關節為軸旋轉（圖2—23），再以右腳尖點地，旋轉右踝關節（圖2—24）。反覆練習。

十二、彈抖放鬆

立正。左腳提起，右腿支撐體重，鬆胯屈膝，兩臂放鬆收縮，身體略右轉（圖2—25）。放鬆彈蹬左腳，

圖 2-23

圖 2-24

圖 2-25

圖 2-26

圖 2-27

圖 2-28

同時向右前下甩兩手臂，全身各個關節都有一種放鬆舒展的感覺（圖2—26）；換提右腳彈抖放鬆，動作相同，方向相反（圖2—27、2—28）。

第二節　纏絲勁訓練

一、單雲手

1. 左單雲手

動作一：兩腳開步成左弓步，左手上掤至左膝上方與肩平；右手叉腰，拇指在後，其餘四指在前，目視左手，重心在左（圖2—29）。

圖 2-29

圖 2-30

圖 2-31

圖 2-32

動作二：接上勢，身體向右轉，重心移至右腿；同時左手劃弧下沉，裡合於小腹前，為順纏絲勁（圖2—30）。

動作三：接上勢，身體繼續右轉，同時左手向右上穿掌外翻至右胸前，為逆纏絲勁。目視身體右側前方（圖2—31）。

動作四：接上勢，鬆左胯，身體左轉，左手逆纏外開至左膝方與肩平，目視左手（圖2—32）。如此整個左單雲手動作完成。一開一合為一拍，一般在每個動作單練時，練夠兩個八拍為一節。初學者先搞清楚動作的路線，熟練後，再體會重心移動的盤旋路線，以及腰左右旋轉和手臂順逆纏絲的轉換速度。只有這樣，才能由生到熟，由熟到順，逐步達到周身相隨，連綿不斷。動作特別熟練後，再配合呼吸。開勁逆纏時呼氣，內氣由丹田催達手指；合勁順纏時吸氣，採自然界清靈之氣由掌心順纏收於丹田之內，充實丹田。

2.右單雲手

動作要領與左單雲手相同，方向相反（圖2—33、2—34、2—35、2—36）。

二、雙雲手

動作一：由左單雲手（

圖 2-33

圖 2-34

圖2—32）起勢，身體微左轉，右手由右腰間順纏劃弧下沉於小腹前；左手變逆纏上掤，目視右前方（如圖2—37）。

動作二：接上勢，身體先左後右轉，重心由左腿移至右腿；同時右手向左向上，變逆纏向右上掤，左手劃弧順纏裡合於小腹前，目視左前方（圖2—38）。這樣反覆循環運轉，練習旋轉腰

圖 2-35

圖 2-36

，兩臂左右纏絲，周身協調一致。

三、側面纏絲

動作一：兩腳橫開成左弓步，左手掤至左膝上與肩平；右手叉腰，拇指在後，其餘四指在前，重心在左，眼看左手（圖2—39）。

動作二：接上勢，身體左轉，左手逆纏劃弧外開至身體左側後方，眼看左手（

圖 2-37

圖 2-38

圖2—40）。

動作三：身體右轉，重心移至右腿，左手順纏裡合於左膝上方，眼順左手看左前下方（圖2—41）。

動作四：身體略左轉，左手逆纏上掤至左膝上方（圖2—42）。一開一合為一拍，共練兩個八拍。再換右手練習，動作要領相同，唯左右互換（圖2—43、2—44、2—45、2—46）。

圖 2-39

圖 2-40

圖 2-41

圖 2-42

圖 2-43

圖 2-44

四、左右後攌

動作一：兩腿成右弓步，左手置於胸前與肩平；右手合於右腰間，目視前方（圖2—47）。

動作二：接上勢，身體微左轉，重心移至左腿；同時左手逆纏下攌至腰間，右手先逆纏後攌變順纏上翻至身體右前方，目視前方（圖2—48）。這樣循環往返，

圖 2-45

圖 2-46

反覆複練習，以身領手，以腰催肩，以肩催肘，再達手，練習周身結合的後擺勁。

注意：在後擺轉折上翻時，切勿挑肩。

五、前後雙手纏絲

動作一：先立正成預備姿勢，然後提左腿向前上步，兩手左順右逆纏絲，向前劃弧上掤後擺，目視前方（圖2—49）。

圖 2-47

圖 2-48

動作二：接上勢，身體右轉，兩手後搌，重心左移（圖2—50）。

動作三：拉上勢，身體左轉，兩手走下弧左逆右順纏向前掤，重心在左腿（圖2—51）。

動作四：接上勢，身體右轉，兩手右逆左順纏向上後搌(圖2—52）。

反覆練習以上動作，也可右腿在前，左腿在後，左

圖 2-49

圖 2-50

右調換。以襠腰為軸旋轉，帶動兩臂纏絲，以身領手，以意導氣。

第三節　步法訓練

一、前進步

動作一：立正。周身放鬆，意守丹田，目視前方（圖2—53）。

動作二：接上勢，重心

圖 2-51

圖 2-52

移至右腿，提左腿向左前方上步，兩手同時自下而上左順右逆向前上劃弧後攌，目視前方（圖2—54）。

動作三：接上勢，重心移至左腿，右腳跟步與左腳並齊；同時雙手變左逆右順纏走下弧向前掤，目視前方（圖2—55）。然後再上步後攌，如圖2—54所示，以練習手腳配合，周身相隨。這樣反覆練習若干次後，換

圖2-53

圖2-54

右腳上步，左腳跟步練習，要領同上。

二、後退步

動作一：兩腳併立，目視前方。右手合於右腰間，左手手心朝前推出，沉肘鬆肩（圖2—56）。

動作二：接上勢，重心移至右腿，提左腿，腳尖著地，向內劃弧後退，同時左手逆纏向下劃弧隨左腿後擺

圖 2-55

圖 2-56

，右手由後上翻前推（圖2—57）。

動作三：接上勢，重心移至左腿，提右腿，腳尖著地，向內側劃弧後退；同時右手逆纏向下劃弧隨右腿後擺，左手由後上翻前推（圖2—58）。

此動作是練習退步時上下配合的方法，可反覆練習，練習次數根據場地靈活掌握。

圖 2-57

圖 2-58

三、右右開步

動作一：身體立正站立。右手叉腰，左手向左側展開，掌心向左；鬆肩沉肘，目視前方（圖2—59）。

動作二：接上勢，身體微右轉，重心移至右腿，提左腿向左側開步；同時左手順纏走下弧裡合，目視左前方（圖2—60）。

動作三：接上勢，身體

圖 2-59

圖 2-60

微左轉，重心移至左腿，提右腿收於左腿內側成並步，同時左手裡合向上外翻逆纏向左開，目視左前方（圖2—61）。

此勢主要是練習手合腳開，手開腳合及上引下進的方法，可根據場地反覆練習。練畢左開步，練右開步，動作要領相同（圖2—62、2—63、2—64）。

圖2-61

圖2-62

四、併步雲手

動作一：立正，兩手自然下垂於體側，全身放鬆，眼平視前方。鬆右胯，身體微右轉，重心移至右腿，提左腿向左開步，腳跟著地，腳尖上翹；同時右手先順後逆纏走右上弧外扔，左手順纏裡合於腹前，目視左前方（圖2—65）。

動作二：接上勢，身體

圖 2-63

圖 2-64

微左轉，重心移至左腿，右腳併步於左腳內側；同時左手逆纏劃弧外翻上掤，右手變順纏走下弧合於腹前，眼看右前方（圖2—66）。如此開一步併一步，配合雙手逆纏絲，練習周身上下相隨的能力，步法要求輕靈自然，左右方向反覆練習。

五、插步雲手

動作一：立正，兩手自

圖 2-65

圖 2-66

然下垂於體側，全身放鬆，眼平視前方。鬆右胯，身體右轉，重心移至右腿，提左腿向左開步，腳跟著地，腳尖上翹；同時右手先順後逆纏絲走右上弧外掤，左手順纏裡合於腹前，目視左前方（圖2—67）。

動作二：接上勢，右手順纏裡合於腹前，掌心朝左，左手逆纏外掤於左肩前，掌心朝外，同時右腳向左腳

圖 2-67

圖 2-68

後插步，目視右前方（圖2—68）。

動作三：身體微右轉，右手由順纏變逆纏外翻上掤；左手順纏走下弧，裡合於腹前；同時重心移至右腿，提左腿向左開步，腳跟著地，腳尖上翹，目視身體左前方，恢復到如圖2—67所示姿勢。如此開一步，插一步，反覆練習。

第三章　太極培元養氣法

太極培元養氣法包括靜坐養氣法、樁功聚氣法及臥功（臥功暫不介紹）。無論哪種方法，都是通過放鬆肢體、凝神固志等方法，來挖掘人體潛能，降低基礎代謝，調和七情，使氣血和順，經絡暢通，達到修養身心、益智延年的目的。

第一節　靜坐養氣法

一、靜坐前的準備

入坐前先寬鬆衣帶，再活動關節片刻，使肌肉筋膜關節得以舒展，便於氣血暢通。靜坐時，背部不能靠牆或倚靠在其他物件上，同時要注意使空氣流通，避免風吹，避免別人騷擾。

二、靜坐的姿勢

(一)自由盤坐

坐於寬凳或硬板床上，兩小腿自由交叉，兩膝離開坐面。面南背北，兩手臂放鬆，成圓弧形，手掌相疊於腹前，右掌在上，左掌在下，掌心均朝上（圖3—1）。

㈡平　坐

臀部平坐於寬凳或木板床上，兩腳掌平踏地，約與肩同寬。大腿與小腿約成直角，兩手掌平放於大腿上，掌心朝上、朝下均可。眼可微閉，也可不閉。靜坐時姿勢要求頭自然端正，頸部放鬆，不可僵硬。軀幹正直穩固，不可前俯後仰，東倒西歪。下頦微向內收，唇齒微合，

圖3-1

舌尖輕抵上腭，眼微閉，面容輕鬆自然。肩、臂、肘、腕皆要放鬆，胸微合，背舒展放鬆，腹部寬鬆鎮定，會陰穴微微上提（圖3—2、3—3）。

三、練功要領

㈠自然呼吸，輕守意念

意念與呼吸姿勢調整好後，隨著腹部輕微的一起一伏，伴以均勻、柔和的自然

圖 3-2

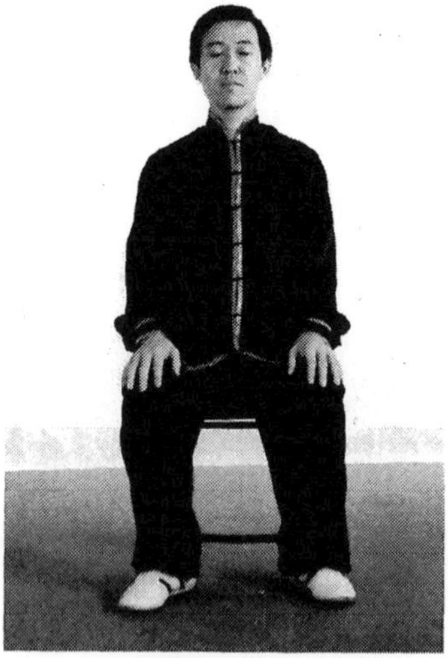

圖 3-3

呼吸。初練時，為了快速聚氣，可採用下沉法引導，即自然吸氣，不加意念；兩耳靜聽自己呼氣，不使之發出粗糙的聲音，隨呼氣意念從心窩鬆到小腹，使心氣下沉於丹田。如此持久練習，丹田會漸漸發熱，待丹田發熱較明顯時，停止引氣下沉，使恬淡的意念，綿綿的呼吸輕輕止於丹田，養氣。

練功時，思想集中在丹田（泛指小腹），意念要輕，不可緊張死守，意識越清靜、越恬淡，體內真氣越容易在丹田匯聚和在經絡中流通，而思想緊張，急於求成，反而影響真氣的正常運行。《內經》：「恬淡虛無，真氣從之」即是此意。身體越放鬆，思想越清靜，內氣就越旺盛，內氣運行也越順暢。

㈡持之以恒，循序漸進

初練靜坐，自然呼吸即可。隨著練功的深入，逐漸過渡到均勻、柔和、深長緩慢的腹式內呼吸。腹式內呼吸是按照正確的練功方法，通過持之以恒的練功後自然形成的，並非初學者可以一下子做到的。因此初學者不可為了使呼吸達到深長匀細而故意憋氣，拉長呼吸，失去自然規律。初練者一般每分鐘呼吸十二～十四次，功深者每分鐘呼吸二～三次，即足以保證需要。

㈢排除雜念，消除緊張

雜念的出現是練功初期的必然現象，會影響功效。但不必因此緊張。因為雜念是可以排除的。隨著功夫的加深，雜念會漸漸減少，直至消失。

下面介紹幾種簡單有效的方法：

1.數息法

練功時默數自己呼吸次數，一呼一吸為一次，從一往後數。這是以一念代萬念之法。

2.規勸法

練功中出現生活瑣事等雜念時，勸告自己：「現在應專心練功，其他事待練功結束再做，現在多想也沒用，安心練功吧。」如此勸告自己幾遍，雜念會漸漸減少。

3.慧劍斬心魔

閉目練功時，雜念過重，難以消除，或出現幻景，沉緬其中難以自拔時，立即睜開雙眼，這時一切雜念及幻景立即消失。因魔由心起，故名之「慧劍斬心魔」。待雜念消失後再繼續練功。

㈣聽其自然，守住丹田

經過一段時間靜坐練功，機體內部或體表將產生這樣或那樣的感覺，如冷、暖、輕、重、沉、涼、麻、脹、癢等現象。起初，一般以四肢末梢感覺最明顯，漸有腸鳴咕咕之聲，進而全身或局部清涼、溫暖、肌肉跳動、麻脹等現象，因個人體質不同而各異。這些感覺是練功的正常反應，稱之為「得氣」。有時還會出現山、水、人物等幻景，都不必緊張害怕，更不能追求，以免「著相」。

這些東西都是虛幻不實的，是大腦對客觀世界的歪曲反映。對所有的幻覺都不動心，不予理睬，只管輕輕守住丹田，幻景自會消失。見怪不怪，其怪自敗，各種動象都隨著功夫的加深逐漸平靜下來，恢復到安靜、虛無、平和的狀態。這時心如止水，雜念不起，呼吸綿綿，意念似有似無，若隱若現，真正體會到恬淡虛無的境界，呼吸方式也就自然過渡到腹式內呼吸了。

四、收功

兩手覆於丹田上，以丹田為中心，順時針揉三十六圈，面積擴大到胸腹；再反方向揉二十四圈，圈漸漸縮小，止於丹田。揉畢搓熱雙掌，擦臉十二次（健脾），雙手大拇背搓熱，擦眼眶十二次（明目），兩手掌將耳翼向前壓，緊貼耳孔，以食、中二指敲擊風府穴三十六次，然後按摩雙腿、雙腳片刻，慢慢起身，練功結束。

注意：

要本著執著、嚴肅、謹慎、真誠的練功精神刻苦練功，但不可執著功效。古人云：「不可用心守，不可無意求，用心著相，無意落空，似守非守，綿綿若存。」總體原則是：求放心，不動心，勿忘勿助，有意練功，無意成功。

第二節　樁功聚氣法

一、採氣法

動作一：兩腳開立，與肩同寬。屈膝鬆胯，立身中正，全身放鬆，兩臂自然下垂於體側；頭自然正，二目微閉，內視丹田，唇齒微合，舌尖輕抵上腭，自然呼吸（圖3—4）。

動作二：接上勢，兩臂慢慢自然順纏外翻向左右兩側上升與頭頂相平，吸氣（圖3—5）。

動作三：上動不停，兩手繼續上升逆纏裡合於頭上額前，掌心朝下，吸氣盡（圖3—6）。

動作四：呼氣，兩掌隨

圖 3-5

圖 3-4

身體下沉經胸前下沉，經丹田時稍停（圖3—7），然後繼續放鬆下沉，意念氣沉腳底，呼氣盡（圖3—8）。

動作五：還原，再上升吸氣，下沉呼氣，反覆練習，使身體內部有上下貫通之氣感。

要求：在練習時，呼吸要深長、勻細。初學者不易做到，不必強為，隨呼吸自

圖 3-6

圖 3-7

圖 3-8

然動作。吸氣時採天地清靈之氣，由百會貫於丹田，充實全身，行於湧泉，循環不已，體內濁氣、病氣自然排出體外。

二、抓氣法

動作一：立正。屈膝鬆胯，含胸塌腰，頭自然正，頸部放鬆，唇齒微合，舌尖輕抵上腭，眼平視前方（圖3—9）。自然呼吸。

圖 3-9

圖 3-10

動作二：接上勢，左腳向前開步成左弓步，兩手走上弧向前推出，目視前方，呼氣（圖3—10）。

動作三：上動不停，重心走弧線後移，兩掌變拳抓氣下沉，收於丹田，目視前方（圖3—11、3—12）。此動吸氣。

動作四：接上勢，隨呼氣雙拳變掌由丹田走上弧前推（圖3—13）。

圖 3-11

圖 3-12

要求：上述動作反覆練習，左右均可，使虛實轉換圓轉自如，丹田與命門相吸相通。

圖 3-13

三、丹田內轉運氣法

動作一：兩腳開立，比肩略寬，屈膝鬆胯，二目微閉內視，唇齒微合，舌尖輕抵上顎，呼吸自然，左手心覆蓋於臍上，右手掌蓋在左手背上（圖3—14）。

動作二：結合身法，虛實轉換，兩手順時針以肚臍為中心，由小到大轉三十六圈，直到上胸下腹，配合自然呼吸；再換右手在下，左手在上逆時針方向，由大到小轉二

圖 3-14

十四圈收於肚臍（圖3—15、3—16）。

注意：女士先逆轉三十六圈，再順轉二十四圈，雙手上下位置與男子相反。

圖 3-15

圖 3-16

四、渾元樁

兩腳開立，比肩略寬，屈膝鬆胯，含胸塌腰，立身中正，全身放鬆。頭正，微上頂，頸部放鬆，唇齒微合，舌尖輕抵上腭。兩臂弧形環抱於胸前，手心朝裡，指尖相對，肩鬆肘沉。襠要開圓，腳踏實地，腳趾、腳外側、腳跟皆抓地，湧泉穴要虛，重心在兩腿之間（圖3

圖 3-17

圖 3-17 附圖

—17、3—17附圖）。

要求：思想清靜而集中，全身放鬆，任大氣自然流行。

五、收功

收功方法與靜坐養氣法收功相同，不再述。

第四章 陳式太極拳精要十八式

第一節　動作名稱

第一式　太極起勢
第二式　金剛搗碓
第三式　懶扎衣
第四式　六封四閉
第五式　單鞭
第六式　白鵝亮翅
第七式　斜行
第八式　摟膝
第九式　拗步

第十式　掩手肱拳
第十一式　高探馬
第十二式　左蹬一根
第十三式　玉女穿梭
第十四式　雲手
第十五式　轉身雙擺蓮
第十六式　當頭炮
第十七式　金剛搗碓
第十八式　收勢

第二節　動作圖解

第一式　太極起勢

動作一：兩腳併立，成立正姿勢，兩臂下垂於身體兩側，手心向內，頭自然正，唇齒微合，舌尖輕抵上腭，二目平視（圖4—1）。

動作二：接上勢，屈膝鬆胯，放鬆下沉，

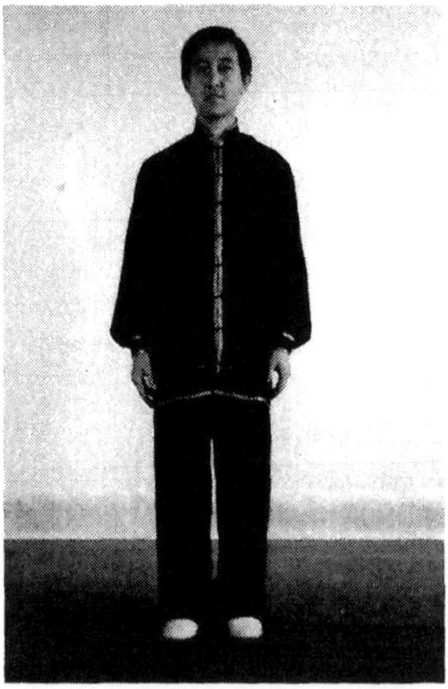

圖 4-1

提左腳向左橫開一步，比兩肩略寬，腳尖微外擺，腳趾、腳掌外緣、腳後跟皆要抓地，湧泉穴要虛，含胸塌腰，鬆肩沉肘，立身中正，頭自然正直，虛領頂勁，二目平視（圖4—2）。

要求：橫開步時，重心先移到右腿，提左腳開步，腳尖先著地，慢慢踏平。周身放鬆，氣沉丹田

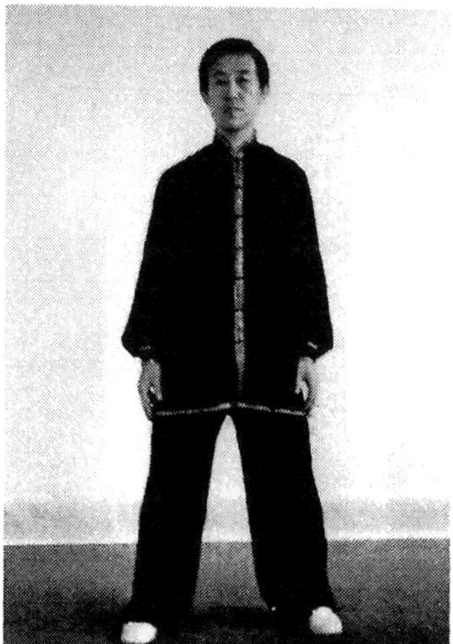

圖 4-2

圖 4-3

，降於湧泉，屈膝鬆胯，下沉時呼氣。

此時腦空心靜，思想高度集中，心中無一所念，渾然如一片無極景象。

動作三：接上勢，兩手緩緩上升與肩平，手心向下，鬆肩沉肘；隨兩手上升，身體慢慢下降，屈膝鬆胯，兩腳踏實，二目平視（圖4—3）

要求：當兩手上升、身體下降時，胸、背、肋、腹各部肌肉均要鬆弛下沉，促使心氣下降，切忌肩上聳，橫氣填胸。此動吸氣。

動作四：接上勢，身體繼續下沉，屈膝鬆胯，兩手隨身體下按至腹前，手心向下，二目平視（圖4—4）。

要求：兩手下按時，要立身中正，切忌彎腰突臀，襠

圖 4-4

圖 4-5

圖 4-6

圖 4-7

部要鬆、虛、活。下蹲時，如坐凳子一樣。此動呼氣。

第二式　金剛搗碓

動作一：接上勢，身體微向左轉，重心右移，兩手左逆纏右順纏，走弧線向左前上方掤出，左手掤至左膝上方與眼平，手心朝外，右手掤至胸前中線，手心朝上，目視左前方（圖4—5）

要求：上掤轉體時，要結合襠腰勁，鬆胯塌腰，勁貫手掌。此動吸氣。

動作二：接上勢，身體右轉九十度，重心由右移到左腿，右腳尖外擺，兩手左順右逆纏向右後擺，目視左前方（圖4—6）。此動呼氣。

動作三：接上勢，重心移至右腿，左腿提起，裡合扣襠，屈膝鬆胯，身體下沉且微向右轉，兩手上掤，目視左前方（圖4—7）。

要求：左腿上提，身體下沉，上下相合。切忌彎腰突臀。此動吸氣。

動作四：接上勢，左腳跟內側著地，向左前方鏟地滑出，腳尖上翹裡合，重心在右腿；兩手繼續向右後上方加掤勁，目視左前方（圖4—8）。

要求：向前開步時，身法要端正，左腳向左前開步，兩手向右上掤，形成對稱。此動呼氣。

動作五：接上勢，重心由右腿移到左腿，左腳尖外擺踏平。身體隨重心移動，向左轉四十五度，兩手左逆右順纏，走下弧向前掤，左手掤至胸前，手心朝下；右手下沉至右膝內上方，手心朝外，指尖朝後，目視前方（圖4—9）。

要求：轉身，移重心，手前掤要協調一致，塌腰旋襠，襠走下弧向前。左臂保持半圓，掤勁不丟，右臂切勿夾肘，與身體要有一定距離。左膝與左腳跟上下對照，右腿屈膝鬆胯，保持襠勁

圖 4-8

圖 4-9

圓活。此動先吸氣後呼氣。

動作六：接上勢，左手向前撩掌，向上再向內環繞合於胸前右小臂內側；右手領右腳弧線向前上托掌於右胸前與左手相合，左手心朝下。右腳經左腳內側向前上步，腳尖點地，重心在左腿，目視前方（圖4—10）。

要求：上步時，要屈膝鬆胯，輕靈自然，穩重，兩手與身體有上下相合之意。

圖 4-10

圖 4-11

此動吸氣。

動作七：接上勢，左手順纏外翻下沉於腹前，手心朝上；右手握拳下沉落於左掌心內，拳心朝上，目視前方（圖4—11）。

要求：兩手與身體間距八～十公分，有圓掤之感；隨落拳腰勁下沉。此動呼氣。

動作八：接上勢，右拳逆纏向上提起，與右肩平，左腿屈膝鬆胯，提起右腿旋於襠內，腳尖自然下垂，目視前方（圖4—12）。

要求：提腿時，身體要下沉，有上下相合之意；提拳時要鬆肩沉肘，促使內氣下降，支撐要穩。此動吸氣。

動作九：接上勢，右腳震腳落地，腳掌踏平，兩腳間距約與肩同寬；右拳順纏下落於左掌心，兩臂撐圓，目視前方（圖4—13）。

要求：右拳、右腳同時下沉，震腳發勁，屈膝鬆胯，氣沉丹田。此動呼氣。

第三式　懶扎衣

動作一：身體微左轉，重心右移。右拳變掌，逆纏上掤於頭右側，左手逆纏下按至左胯側，目視左前方（

圖4-12

圖4-13

圖4—14）。

要求：右拳變掌上掤時，先塌腰旋轉，以身催手，弧線上掤，與左手下按配合，形成開勁。此動吸氣。

動作二：接上勢，兩手由雙逆纏變雙順纏劃弧交叉於胸前，左手合於右臂內，手心朝外，右手心朝上；重心移至左腿，提右腿向橫開一大步，腳跟內側著地，腳尖上翹裡合，目視身體右方

圖 4-14

圖 4-15

（圖4—15）。

要求：手合腳開同時進行並協同一致，手到腳到，開步要輕靈自然。此動呼氣。

動作三：接上勢，身體左轉，重心右移，右手順纏上掤，目視右前方（圖4—16）。

要求：移重心時，襠走後圓弧，左肘掤勁不丟，右腋不能夾死，有圓虛之感。

圖 4-16

圖 4-17

此動吸氣。

動作四：接上勢，身體向右轉，右手逆纏外開至右膝上方，鬆肩沉肘，略變順纏，指尖高與眼平；左手順纏經腹前至身本左側，變逆纏叉腰，四指在前，拇指在後。重心在右腿，眼隨右手轉視前方（圖4—17）。

要求：開右手時，以腰催肩，勁到鬆肩，以肩催肘，勁到沉肘，略坐腕，勁貫於指尖。鬆胯塌腰，開襠貴圓，右實左虛，右膝與腳跟上下對照，不能前傾、後倒、外撇；左腿挺而不直，膝微屈，腳尖內扣。立身中正，舒展大方。此勢繼續呼氣。

第四式　六封四閉

動作一：接上勢，身體右轉，重心略右移，左手從腰間走上弧與右手相合；右手略前引下沉，目視右手中指端（圖4—18）。

要求：左手與右手相合時，與身體右轉、重心右移相結合，兩手坐腕接勁。此動吸氣。

動作二：接上勢，身體左轉，重心左移，兩手左逆右順纏，自右而向左擺，目

圖 4-18

圖 4-19

視右前方（圖4—19）。

要求：下攌時，重心下沉，塌腰，兩手合勁不丟，加外掤勁。此動呼氣。

動作三：接上勢，身體繼續左轉，兩手繼續左逆右順纏，向左後上方攌，重心右移，目視左前方（圖4—20）。

要求：攌時，兩手不能偏後，右臂掤勁不能丟。此動吸氣。

圖 4-20

圖 4-21

動作四：上動不停，重心繼續右移，兩手變左順右逆纏向上劃弧，合於左肩時，身體略右轉，目視右前方（圖4—21）。

要求：在由擺變按時，兩手下擺上合，均由襠腰左移右旋，鬆肩沉肘，旋腕轉膀，使勁不丟不頂，圓轉自如，轉折順遂。此動繼續吸氣。

動作五：接上勢，重心不變，身體微右轉下沉，兩手合力走弧線向右前下方按，左腳收於右腳內側二十公分處，腳尖點地。目視右前下方（圖4—22）。

圖 4-22

要求：雙手下按時，要鬆胯塌腰，鬆肩沉肘，兩手合力隨身體下沉前要協調一致。此動呼氣。

第五式 單 鞭

動作一：接上勢，身體微右轉，兩手雙順纏，左前右後旋轉，手心朝上。重心在右，左腿以腳尖為軸，膝隨身轉裡合，目視兩手（圖4—23）。

圖 4-23

圖 4-24

要求：兩手旋轉時要圓活，不能有抽扯之形。此動吸氣。

動作二：接上勢，身體左轉，重心在右，左腿以前腳掌著地，膝隨身轉外擺；右手逆纏，五指合攏，走弧線，腕向上提與肩平；左手心朝上，隨身轉下沉於腹前，左肘掤勁不丟，目視右手（圖4—24）。

要求：右手變勾手上提時，隨身體旋轉，塌腰，鬆肩，沉肘，以腰為軸，節節貫穿。此動為開，呼氣。

動作三：接上勢，身體右轉，重心全移於右腿，左腿屈膝提起，左膝內扣；右手腕領勁，左手不動，鬆肩沉肘，上下相合，目視左前方（圖4—25）。

要求：右腿支撐重心，上下相合，切忌彎腰突臀。此動為合，吸氣。

動作四：接上勢，右腿支撐重心，左腳跟內側著地，向左鏟地滑出，腳尖上翹裡合，右手腕領勁，左手下沉合勁，目視左前方（圖4—26）。

要求：立身中正，掤勁不丟。此動為開，呼氣。

動作五：接上勢，身體微右轉，重心左移，成左弓步，左手穿掌上掤逆纏外翻

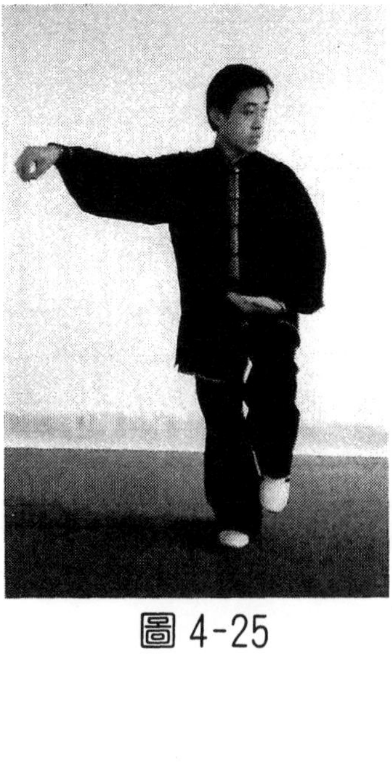

圖 4-25

圖 4-26

右胸前，目視前方，瞟視左手（圖4—27）。

要求：移重心時，襠走外下弧線，旋轉移動，左膝不能超出左腳尖；左手外翻時，不能挑肩架肘。此動吸氣。

動作六：接上勢，身體微左轉，左手逆纏外開至左腳上變順纏放鬆下沉，目隨左手送至體側後，再轉視正前方（圖4—28）。

圖 4-27

圖 4-28

要求：左腳尖外擺，右腳尖內扣，鬆胯屈膝，立身中正，虛領頂勁，鬆肩沉肘，兩臂與兩腿有上下相合之意。此動為外或內合，呼氣。

第六式　白鵝亮翅

動作一：接上勢，身體左轉，左腳尖外擺，右手勾手變掌，雙手順纏交叉合於胸前，左手手指朝上，手心朝右；右手手心朝上，指尖朝前上，目視右前方（圖4—29）。

動作二：接上勢，身體左轉，重心移到左腿，上右步，右手微順纏加外掤勁（圖4—30）。

動作三：接上勢，身體右轉，重心右移，兩手同時逆纏外開，左手下按至左膝上方與胯平，手心朝下；右手上

圖 4-29

圖 4-30

圖 4-31

圖 4-31 附圖

挪，手心朝外，兩臂成半圓弧形。左腳上步收至右腳左前方，腳尖點地，目視前方（圖4—31、4—31附圖）。

第七式　斜　行

動作一：接上勢，腳步不動，身體左轉，左手逆纏後擺；右手順纏，鬆肩沉肘，向左前劃弧擺動，目視左前方（圖4—32）。

要求：以身帶手，催動兩臂轉動，如風擺楊柳一樣。此動吸氣。

動作二：接上勢，身體右轉，右腳尖右擺，左腳尖著地，左膝裡合；左手隨轉身由左後向右上劃弧，合於鼻前中線，立掌，掌心朝右；右手逆纏劃弧下按於右腿外側，手心朝下，目視左前方（圖4—33）。

要求：兩手轉動時，以腰為軸，頂勁領起。此動呼氣。

動作三：接上勢，重心移至右腿，左腿屈膝提起，兩手向右上掤，目視身體左前方（圖4—34）。

要求：兩手上掤，身體下沉，右腿支撐重心，屈膝鬆胯，上下相合。此動吸氣。

動作四：接上勢，身體下沉，左腳跟內側著地向左前方開步，腳尖上翹，兩手繼續上掤，目視身體左前方（圖4—35）。

要求：開步時，兩手上掤，腰勁下塌，上下對稱。此動呼氣。

動作五：接上勢，身體左轉，重心左移，左手逆纏，

圖 4-32

圖 4-33

圖 4-34

圖 4-35

隨身體左轉走下弧至左膝下；右手順纏向後環繞變逆纏合於右耳下，目視左前方（圖4—36）。

要求：轉體與移重心要協調一致。

動作六：接上勢，身體繼續左轉，重心在左，左手五指合攏變勾手，弧線上提至肩平，右手立掌合於胸前，目視前方（圖4—37）。

要求：左手上提，手腕

圖 4-36

圖 4-37

放鬆領勁。

動作七：接上勢，身體右轉，右手逆纏劃弧向右拉開，鬆肩沉肘，含胸塌腰，鬆胯屈膝，目視前方（圖4—38）。

要求：此勢兩手兩足位四隅角，要立身中正，舒展大方，開襠貴圓，虛領頂勁，上下四傍，八面支撐，謂之「中定身法」。此動呼氣。

圖 4-38

第八式　摟　膝

動作一：接上勢，身體下沉，鬆胯屈膝下蹲；兩手先逆後順略上領，再變順纏下合於左膝上方，重心在左腿，目視前下方（圖4—39）。

要求：兩手下合時，要身法正身，隨身下沉，兩手如捧水一樣合勁不丟。此動先吸氣後呼氣。

動作二：接上勢，兩手領勁上掤，左手在前，右手在後，立掌於胸前中線，隨手上領，重心移至右腿；左

圖 4-39

圖 4-40

腳收回至右腳左前方，腳尖點地，屈膝鬆胯，目視前方（圖4—40）。

要求：重心走下弧後移至右腿，左腿收回要自然。此動吸氣。

第九式　拗　步

動作一：接上式，身體微右轉，兩手右逆纏左順纏後下擺，左腿屈膝提起，重心在右腿，目視前方（圖4—41）。

要求：下擺時掤勁不丟

圖 4-41

，提腿上下相合，右腿要穩。此動呼氣。

動作二：接上式，身體微左轉，右腿向前上步，腳跟著地，腳尖上翹，重心在右腿；同時兩手左逆右順纏，向上向前掤，目視前方（圖4—42）。

要求：向前邁步要自然，兩手劃弧上掤下握，要與身法自然結合，兩手上翻時吸氣，下沉時呼氣。

圖4-42

圖4-43

動作三：接上勢，身體左轉，重心移至左腿，左手逆纏下按，右手逆纏向前推出；右腿屈膝提起，目視前方（圖4—43）。

要求：步法穩重，上步輕靈自然，此動先呼氣後吸氣。

動作四：接上勢，右腳向前上步，腳跟著地，腳尖上翹，重心在左腿，身體微左轉，左手下沉，右手前推，目視前方（圖4—44）。

要求：上步如貓行，輕靈自然。

動作五：接上勢，右腳尖外擺，重心移至右腿，提左腳向左前方上一步；身體隨上步自左向右轉體九十度；右手逆纏下沉，左手順纏上翻劃弧經左耳變逆纏，與右手交叉相合於胸前，重心偏右腿，目視前方（圖4—45）。

要求：移重心上步時，身體不能上提，兩手交叉，掤勁撐圓，立身中正。此動接上勢，先吸氣後呼氣。

第十式　掩手肱拳

動作一：接上勢，身體略右轉，重心左移，兩手逆纏自下向左右分開，目視前方（圖4—46）。

要求：兩手分時，以身帶手，沉穩圓活，此動接上

圖 4-44

圖 4-45

勢，繼續吸氣。

動作二：接上勢，重心右移，身體略左轉，右手順纏上翻變拳合於右腰間，拳心向上，左手由逆纏變順纏，立掌合於胸前正中線，目視前方（圖4—47）。

要求：握拳合勁時身體中正下沉，鬆胯屈膝，勁合於右腿，蓄勁待發。此勁吸氣。

動作三：接上勢，右腿

圖 4-46

圖 4-47

蹬地裡合，身體迅速左轉，鬆左胯，右拳逆纏螺旋前衝，左肘向後發勁，目視右拳前方（圖4—48）。

要求：發勁時，擰腰轉襠，將右拳突然衝出，前拳後肘，對稱發力，完整一氣。

第十一式　高　探　馬

動作一：接上勢，重心不變，身體右轉，兩拳變掌，左手逆纏前掤，右手逆纏下分，目視前方（圖4—49）。

要求：手臂分開時，隨襠腰旋轉，身法中正，兩臂掤

圖 4-48

圖 4-49

圖 4-50

圖 4-51

圖 4-51 附圖

勁不丟，有支撐八面之勢。呼氣。

動作二：接上勢，身體左轉，重心右移，右腳尖內扣；右手順纏外翻至身體右側與肩平，再變逆纏合於右肩前，左手順纏裡合。目隨右手旋轉，再視左前方（圖4－50）。

要求：右手外翻上掤旋轉時，要開胸鬆胯，有開中寓合之勢，此動吸氣。

動作三：接上勢，身體左轉，重心在右腿，左腳向左後劃弧，收於右腳內側，腳尖點地；同時右臂鬆肩沉肘，順纏向右側推；左手順纏收至腹前與臍平，手心向上，目視右前方（圖4－51、4－51附圖）。

要求：推右掌要隨轉體，周身一致。此動呼氣。

第十二式 左蹬一根

動作一：接上勢，左手逆纏外掤，右手先順纏略裡合再逆纏與左手同時外掤，兩手心均朝外；同時，重心移到左腿，提右腿向右橫開一步（圖4—52）。

動作二：接上勢，兩手輕握拳，順纏裡合於腹前，拳心向裡，同時，左腿屈膝提起，腳尖放鬆，懸於襠內，目視左前方（圖4—53、4—53附圖）。

要求：身體下沉，提腿，屈膝鬆胯，上下相合，兩肘外掤，蓄而待發，此動吸氣。

動作三：接上勢，右腿支撐重心，身體略右傾，左腳用腰襠彈力向左側平蹬與腰平。兩拳分別向左右衝擊，力

圖 4-52

圖 4-53

圖 4-53 附圖

圖 4-54

貫拳面（圖4—54）。

要求：右腿支撐要穩，左腳和左右拳要同時發勁，要「縮身如猬形，吐氣貫長虹」。此動呼氣。

第十三式　玉女穿梭

動作一：接上勢，左腳落地，兩拳變掌順纏合於腹前（圖4—55）。

動作二：接上勢，重心左移，身體右轉，兩手隨之

圖 4-55

圖 4-56

右轉掤於胸前，立掌，右手在前，左手在後，同時右腳以腳尖為軸右膝外擺，左腳尖內扣隨身右轉。目視前方（圖4—56）。

要求：轉身時要以腰催肩，以肩催肘，掤於手。此動先吸氣後呼氣。

動作三：接上勢，屈膝鬆胯，身體下沉，兩手雙逆纏下合，目視前方（圖4—57）。

圖 4-57

圖 4-58

要求：隨身體下沉，兩手下按，切勿彎腰。此動接上勢下沉呼氣。

動作四：接上勢，兩手順纏迅速向上領起，雙腳隨之上縱離地，目視前方（圖4—58）。

要求：以手領勁，周身一致，上縱輕靈。此動吸氣。

動作五：接上勢，雙震腳落地，雙手逆纏隨之下按，目視前方（圖4—59）。

要求：震腳落地，兩手下按要沉重有力，完整一氣，立身中正，此動呼氣。

動作六：接上勢，兩手逆纏上掤，右腿隨之屈膝提起，目視前方（圖4—60）。

要求：手掤提腿，立身穩重，周身合一，內勁團聚不散。此動吸氣。

動作七：接上勢，重心在左腿，身體迅速左轉，右腿裡合外蹬，右掌逆纏前推，左手逆纏，向左後發肘勁，目視右前方（圖4—61）。

要求：將周身團聚之勁，迅速貫於右腳、右手和左肘，左腿獨立穩重。此動呼氣。

動作八：接上勢，右腳跨步落地，重心移至右腿，

圖 4-59

圖 4-60

身體微右轉，左掌略下沉，目視前方（圖4—62）。

要求：此勢為竄跳的過渡動作，右腳落地即起，用右腳前掌彈地蹬起前躍，此動先吸氣後呼氣。

動作九：接上勢，右腳蹬地彈起前縱，身體在空中向右旋轉一八〇度，左手逆纏向左猛推，右掌向右開，左腳先落地，右腳從左腳後插過，腳尖著地，目視左側

圖 4-61

圖 4-62

（圖4—63）。

要求：此勢為下勢過渡動作，練習時可以不停，落地輕穩，身法中正。

動作十：接上勢，身體右轉一八〇度，重心移至右腿，左腿隨轉身裡合，同時，兩手隨轉體左順右逆由左向右後轉搌，目視左前方（圖4—64）。

要求：轉身時，身法下沉，兩手掤勁不丟。此動吸

圖 4-63

圖 4-64

氣。

第十四式 雲 手

動作一：接上勢，右手順纏裡合於腹前，掌心向左，左手逆纏裡合外掤於左肩前，掌心向外，同時，左腳向右後插步，腳尖點地（圖4—65）。

圖 4-65

動作二：接上勢，身體微右轉，重心移至右腿，右腳踏實，提左腿向左前方橫開一步，腳跟著地，腳尖上翹；同時，右手逆纏外翻上掤，左手順纏走下弧，裡合於腹前。目視左前方（圖4—66）。

動作三：接上勢，身體微右轉，左手由順纏變逆纏，劃弧外翻上掤，右手變順纏合於腹前，同時，重心移至左腿，右腳插步於左腳左後方，目視左前方（圖4—67）。

要求：雲手以腰為軸，兩手在體前分別向左右兩側劃弧，如車輪滾翻，上下往返。開一插一為一步，共四步，也可根據場地靈活掌握。

圖 4-66

圖 4-67

第十五式　轉身雙擺蓮

動作一：接上勢，兩手左順右逆纏向右後方捋；身體先以左腳跟為軸，再以右腳跟為軸向右後旋轉一八〇度。右手位於胸前中線，掌心朝右上方，左手拉於左肩前，掌心向上，目視左前方（圖4—68）。

動作二：接上勢，重心右移，身體微右轉，左腿屈膝提起，向左前方開步，兩手向右後方掤，目視前方（圖4—69）。

動作三：接上勢，身體向右轉，重心左移，兩手由後捋轉為走下弧向前合勁，合於右腰側，目視前方（圖4—70）。

圖 4-68

圖 4-69

圖 4-70

圖 4-71

動作四：接上勢，重心在左腿，提右腿向左走下弧向上，再向右擺擊，兩手掌向前與右腳外側擊拍相合，目視前方（圖4—71）。

要求：擺腳與手合擊的速度要快，勁力完整一氣，此動先吸氣後呼氣。

第十六式　當頭炮

動作一：接上勢，拍腳後，右腿向右後撤一步，兩手逆纏向左上掤，重心在左腿，目視前方（圖4—72）。

要求：拍腳後步要穩，上引下進協調一致。此動吸氣。

動作二：接上勢，身體微右轉，重心移至右腿，同時，兩手左順右逆纏隨重心後移下擺再變拳合於右胸側，目視左前方（圖4—73）。

要求：兩手下擺，隨重心移動轉身一致，切勿彎腰。此動先呼氣後吸氣。

動作三：接上勢，右腳蹬地，重心迅速由右腿移至左腿，身體隨之左轉，同時兩拳合力向前發勁，拳眼向上，拳心相對，目視前方（圖4—74）。

圖 4-72

圖 4-73

要求：心意一動，猝然抖發，如金獅抖毛，猛虎下山，完全是腰的彈抖勁，力貫拳頂，此動呼氣。

第十七式　金剛搗碓

動作一：接上勢，兩拳變掌左順右逆向右後上方擺帶，同時重心由左向右移，目視左前方（圖4—75）。

動作二：接上勢，重心由右腿移至左腿，左腳尖外

圖 4-74

圖 4-75

擺踏實，身體隨重心移動向左轉四十五度；兩手左逆右順纏走下弧向前掤，左手掤至胸前，手心朝下，右手下沉至右膝內上方，手心朝外，指尖朝後，目視前方（圖4—76、圖4—77）。

動作三：接上勢，左手向前撩掌，向上再向內環繞合於胸前右小臂內側；同時，右手領右腳弧線向前上托掌合於右胸前與左手相合。

圖 4-76

圖 4-77

右手心朝上，左手心朝下；右腳經左腳內側向前上步，腳尖點地，重心在左腿，目視前方（圖4—78）。

動作四：接上勢，左手順纏外翻下沉於腹前，手心朝上；右手握拳下沉落於左掌心內，拳心朝上。目視前方（圖4—79）。

動作五：接上勢，右拳逆纏向上提起與肩平，右腿屈膝鬆胯提起，右腳懸於襠內，腳尖自然下垂，目視前方（圖4—80）。

動作六：接上勢，右腳震腳落地，腳掌踏平，兩腳間距同肩寬；右拳順纏下沉落於左掌心內，兩臂撐圓，目視前方（圖4—81）。

圖 4-78

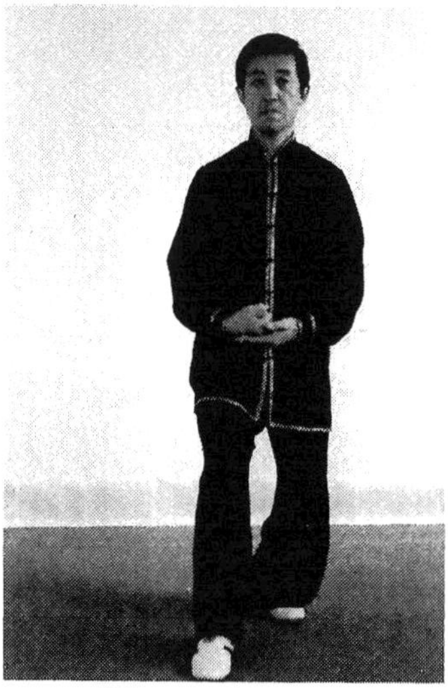

圖 4-79

圖 4-80

圖 4-81

第十八式　收　勢

動作一：接上勢，右拳變掌，兩手向左右下分，身微下沉，屈膝鬆胯，目視前方（圖4—82）。

要求：兩手分，身下沉，切勿彎腰。此動先吸氣後呼氣。

動作二：兩手同時各向左右劃外弧合於兩肩前，目視前方（圖4—83）。

圖 4-82

圖 4-83

要求：兩手上升，鬆肩沉肘，胸、腹、背各部肌肉均鬆弛下沉。此動吸氣。

動作三：接上勢，兩手順身體兩側緩緩下按於兩大腿外側，目視前方（圖4－84）。

要求：兩手下按，呼氣，周身放鬆，氣歸丹田，意形歸原。一套拳練完，心平氣和，自始至終，一氣貫通。

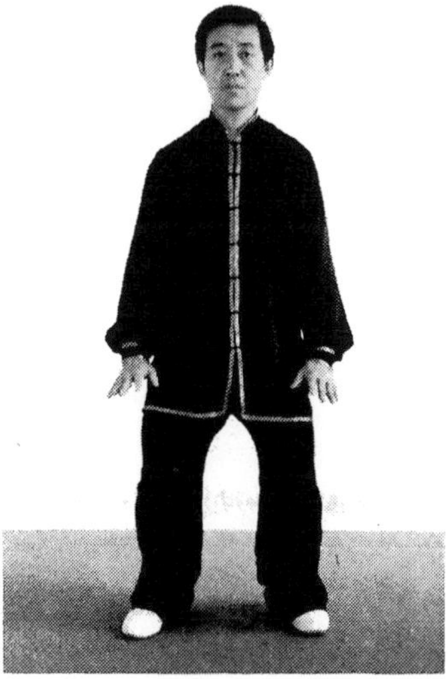
圖 4-84

圖 4-85

動作四：接上勢，身體慢慢立起，恢復到自然站立姿勢，目視前方（4—85）。

歡迎至本公司購買書籍

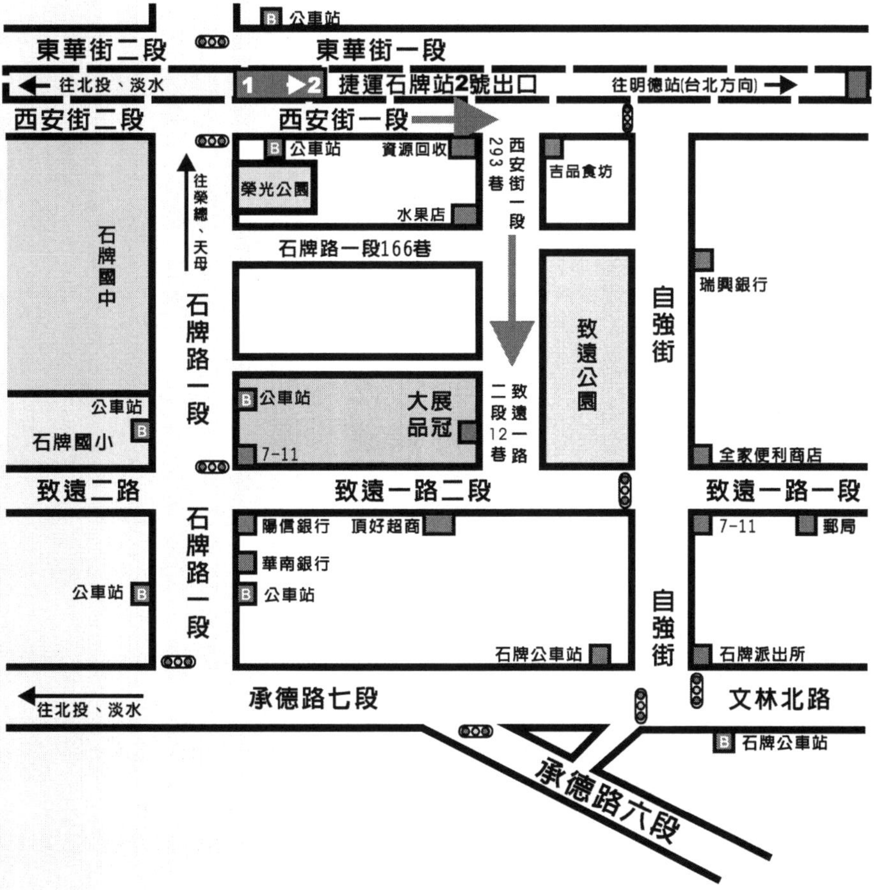

建議路線

1.搭乘捷運・公車

淡水線石牌站下車，由石牌捷運站2號出口出站(出站後靠右邊)，沿著捷運高架往台北方向走(往明德站方向)，其街名為西安街，約走100公尺(勿超過紅綠燈)，由西安街一段293巷進來(巷口有一公車站牌，站名為自強街口)，本公司位於致遠公園對面。搭公車者請於石牌站(石牌派出所)下車，走進自強街，遇致遠路口左轉，右手邊第一條巷子即為本社位置。

2.自行開車或騎車

由承德路接石牌路，看到陽信銀行右轉，此條即為致遠一路二段，在遇到自強街(紅綠燈)前的巷子(致遠公園)左轉，即可看到本公司招牌。

國家圖書館出版品預行編目資料

陳式太極拳養生功 / 陳正雷 著
二版；臺北市：大展，2004【民 93】
面；21 公分－（武術特輯；57）
ISBN 978-957-468-285-0（平裝附影音光碟）
1. 太極拳
528.972　　93001000

陳式太極拳養生功

編 著 者／陳　正　雷
發 行 人／蔡　森　明
出 版 者／大展出版社有限公司
社　　址／台北市北投區（石牌）致遠一路 2 段 12 巷 1 號
電　　話／(02) 28236031・28236033・28233123
傳　　真／(02) 28272069
郵政劃撥／01669551
網　　址／www.dah-jaan.com.tw
E-mail／service@dah-jaan.com.tw
登 記 證／局版臺業字第 2171 號
承 印 者／國順文具印刷行
裝　　訂／協億印製廠股份有限公司
排 版 者／千兵企業有限公司
授 權 者／北京人民體育出版社
初版1刷／1998 年（民 87 年）10 月
二版1刷／2004 年（民 93 年） 3 月
二版2刷／2005 年（民 94 年） 5 月　　定價 / 350 元